Duro e Sem Vergonha

Reflexões de um mulherengo sobre a dureza, a falta de vergonha, a linguagem e muito mais.

Duro e Sem Vergonha

John Danen

Published by Jonh Danen, 2023.

While every precaution has been taken in the preparation of this book, the publisher assumes no responsibility for errors or omissions, or for damages resulting from the use of the information contained herein.

DURO E SEM VERGONHA

First edition. January 17, 2023.

ISBN: 979-8215585177

Written by John Danen.

Sumário

Entre em contato comigo.

S e você quiser me fazer perguntas, fazer perguntas, ou receber conselhos sobre sedução, eu ofereço este serviço de treinador de sedução. Eu também ofereço cursos. Você pode entrar em contato comigo nestes links.

LINKS PARA OUTROS SITES:

John Danen Dark seduction - YouTube

TikTok by johndanen (@johndanen) | Assista aos últimos vídeos da johndanen no TikTok

John Danen Dark seduction | Facebook

John Danen Dark seduction (@dark_seduction) - Fotos e vídeos Instagram

Grupo sobre Telegrama Sedução Escura, junte-se clicando aqui https://t.me/+bPZmHRDJz9gxYTA0

Minha missão na vida.

Tenho uma missão, isto é transmitir meu conhecimento para ajudar os homens a viver uma boa vida, pegando as meninas que eles gostam e se divertindo muito, para isso eu mesmo me preparo e documento pegando as melhores meninas que posso.

Eu não sou super bonito, não pego uma mulher deslumbrante facilmente, tenho que estar trabalhando a cabeça para estar lá lutando. Eu falho, passo por crises, tenho quedas, tenho também momentos gloriosos de poder divino. É por isso que conheço o bom e o ruim da sedução. Trabalhando a noite, trabalhando a rede, trabalhando a cabeça, década após década lutando sem nunca desistir.

Sempre pensando que o melhor ainda está por vir. Sempre confiante, como dizem os portugueses. Não o tenho de graça, sou apenas um bom rapaz. Acho que isto pode motivá-lo porque você pode se identificar comigo.

Um homem super-pretencioso tem isso muito fácil, elas vêm até ele e ele não aprende muito, porque ele não luta.

É por isso que eu reivindico a figura do sedutor, porque ele tem muito mais mérito e também quase sempre chega muito mais alto.

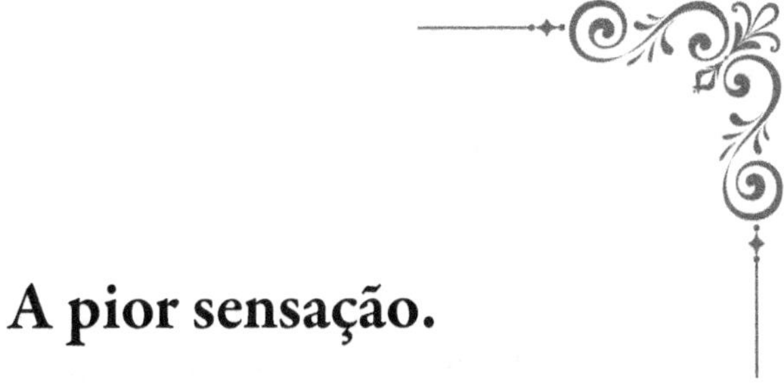

A pior sensação.

Há uma sensação muito desagradável quando você sai para festejar e percebe que as meninas não olham para você, que você está fora do mercado por qualquer razão. Sentindo que seu tempo acabou, que aquelas meninas bonitas estão lá, mas você não se vê como capaz de pegá-las.

Essa sensação vem do abandono e de um longo tempo sem estar no mercado. Se você sair calmamente sem saber quem você é, isso acontecerá. Isto causa frustração e tristeza porque você se vê como incapaz. Este sentimento é mais difícil do que todos os esforços que você tem que fazer para consertar as coisas e ter sucesso.

Você pode parecer velho, gordo, ou apenas tímido. Tudo isso o esmaga e faz você se sentir como um homem de merda.

Mas pode ser ainda pior e fazer você se sentir horrível se aqueles com quem você saio estão se atirando em garotas bonitas. Elas riem com eles e lhes dão muita atenção, você recebe uma resposta rápida e desinteressada, você se sente inferior.

Você tem que ver todos os flertes deles ao vivo. Mesmo que seja uma coisa baixa a fazer, você deseja que eles não flertassem porque isso o mortifica ainda mais. Você tem muita inveja desses amigos de sucesso e gostaria de ser aquele que está no lugar deles. Essa é a pior sensação. Vendo como os outros transam e você não.

Você sai cedo e nenhuma delas se importa, você vai para casa devastado e faz uma promessa de que isso não acontecerá novamente.

A noite é tremenda, as belas garotas não mostram misericórdia. Elas são governadas pelo princípio da seleção natural e sempre escolherão aquele que tiver as atitudes sedutoras mais bem ajustadas.

Estas são as piores coisas que podem acontecer com você. O pior cenário possível.

Felizmente isto acontece muito raramente, e se acontecer, você se coloca no caminho do sucesso novamente, fazendo o que for preciso. Melhora sua confiança, seu físico, sua mentalidade, seu autoconceito.

Para que isto seja uma anedota, você tem que trabalhar muito na cabeça e no corpo. Uma vez restabelecidos os parâmetros, a alegria, a confiança, a autoconfiança, e os triunfos retornam de forma ideal.

Todos aqueles que são assim estão abaixo do ponto de falha, porque acham tão impossível flertar que nem sequer tentam.

Se isto alguma vez acontecer com você, não se preocupe, ocupe-se em melhorar e não deixe que idéias derrotistas o invadam. Você perdeu essa batalha, mas a guerra continua.

Agora você sabe que a pior coisa que pode lhe acontecer não é ser rejeitado, mas deixar-se levar pela inveja e pela falta de confiança, a ponto de não tentar.

Não se preocupe, não vou deixar que isso aconteça com você.

Gladiadores para a arena!

Não seja muito confiante, as meninas não vêm por causa do que você pegou antes. Quando você vai para o campo você está na arena do circo, você é um gladiador e elas vão matá-lo. A única coisa que pode impedi-las de aniquilar você é sua confiança e determinação para ter sucesso.

Quando você sair para o campo, elas vão ver como você está naquele exato momento. Elas sempre escolhem o melhor naquele momento. É normal perder, mas sobreviver.

Você percebe que tem que aproveitar o que acontece com você e não faz um grande negócio com isso. Primeiro você desfruta das falhas, isto o estimula a lutar cada vez com mais força.

E assim, lutando duro, uma noite após a outra, falhando sem nenhuma perda de moral, uma noite você consegue e depois outra e outra e chega um momento em que você é forte, temido e poderoso. Você se torna o vencedor. O vencedor dos perdedores.

O vencedor às vezes também perde, você pode perder vários dias, mas no final, no cálculo anual, você terá sido o melhor.

Esta é uma seleção natural. Os fortes prosperam e os fracos sucumbem.

É muito difícil ganhar, mas é mais difícil não ganhar.

Você já é um vencedor, mas continua lutando e lutando, e você percebe que o que você pensava antes era muito, é apenas a base, você vê que existem outros como você, alguns muito melhores. Você subiu para outro nível e agora você é apenas mais um, um dos mais fracos. Você está com os vencedores, mas não está satisfeito, você continua, você leva duras derrotas, mas elas não o afetam mais, você sabe que deve continuar melhorando, pouco a pouco, você se torna insensível à dor, você se torna forte, duro, despreocupado, sem vergonha.

Você perde o respeito pelas meninas, você vê que elas não são nada mais do que simples e previsíveis meninas que respondem aos estímulos que lhes são dados. Você começa a se preocupar muito pouco em agradá-las, em sugar para elas, sempre sendo simpático, sendo seu pequeno palhaço.

Você não as admira mais, não se impressiona mais com uma garota gostosa, porque vê seus imensos defeitos: superficialidade, exigências, caprichos, mau caráter, presunção, e você é repelido por elas.

Você vê que, além do sexo, elas muitas vezes não oferecem muito mais. Uma noite você tem uma garota deslumbrante e dorme com ela, você gosta, mas esperava mais, então você dorme com outra garota que é muito pior e entra em transe com o prazer que ela lhe dá. Você percebe que não se trata apenas do físico.

Esta revelação desvaloriza ainda mais as garotas gostosas e faz com que você as trate com mais fluência e confiança, porque você sabe que elas não são tanto quanto às vezes parecem ser.

Depois de estar com muitas delas, elas começam a atrapalhar o seu caminho, à medida que se tornam invejosas e acumuladas, primeiro as convencidas atrapalham, e mais tarde, aquelas que não pagam a devida obediência.

Você começa a se ver como superior, você percebe que é melhor do que elas e não dá mais o produto, você o dá a quem o ganha. Você se torna um bastardo, um homem implacável que aproveitará qualquer brecha em sua defesa para entrar em sua zona íntima e criar uma tensão sexual muito forte. Você usará seu peito macho alfa para deixá-las todas quentes e incomodadas. Você vai se preocupar em se divertir, não elas. E é assim que você muda e o mundo muda.

Agora que você está despreocupado, divertido, legal e confiante, elas vêm cada vez mais até você.

Logo você fica sem amigos, porque não tem tempo para eles, além disso, eles estão todos sobrecarregados e não querem ir com você porque sofrem com seus triunfos. O dia em que você não tem ninguém com quem sair, esse dia, se você já saiu muito e teve sucesso, é o dia em que você atingiu um nível alto, ninguém mais quer sair com você.

E depois de anos assim, sem se importar em vencer a concorrência, você olha em volta e não vê ninguém onde está. Naquele dia você se coroa como o rei, o maldito mestre. O maldito mestre.

Inigualável. Você tem seu harém e ai de quem tentar incomodá-lo. Você o expulsa do mercado pegando aquelas que ele tenta. Você o esmaga e continua a reinar.

E você está lá até ficar muito confiante e descuidado.

Um gladiador pode se tornar rei.

Bem-vindo a este jogo.

O poder do jogo interior.

O flerte é um jogo interno de 99%, não importa o quão bom seja a técnica, funcionará se você não tiver seu jogo interno certo. O jogo interior é o motor que lhe dá o desempenho. Basta colocá-lo em um corpo para começar a correr.

Se o trabalho da carroceria (o corpo) for ruim, ele diminuirá o desempenho, que será reduzido pela má aerodinâmica (gordura, magreza ou flacidez).

Se a carroceria for excelente, mas houver pouco motor, ela atrairá muita atenção, mas você não terá um grande desempenho.

Na vida tudo é o mesmo, tudo se repete. Nos carros e nos homens é a mesma coisa.

Basta alimentar bem seu motor e colocar um bom corpo sobre ele.

Somente para vencer contra outros grandes campeões você precisa ter um motor e uma carroceria afinados. Para bater o homem comum, não é preciso muito, pois eles andam com os motores desafinados, agradando e servindo-os. Alguns deles, por trás de uma boa fachada, oferecem pouco depois disso e você os recebe.

Revitalize-as todas com seu motor de 7,5 litros e 16 válvulas de dupla turbina.

Um motor de 1100 hp.

Ou um elétrico de 1000hp, que também é bom e mais ecológico.

Sua maior arma é sua mente. Ela é seu motor, ela é o que o torna sedutor.

As mulheres não ouvem o que você diz, elas não notam seu físico a menos que seja impressionante, elas não gostam de seu rosto, elas não amam suas roupas. As mulheres são atraídas pelas qualidades sedutoras que você emana de seu excelente jogo interior.

Estas qualidades que emanam de você tomam a forma de duas coisas:

- Linguagem corporal confiante e atraente.

- Atitude atrativa.

Libertação.

A vida, além do que o faz viver, não é vida.
Todos aqueles que se estabeleceram
que pensavam que sua aposentadoria era temporária
e acabou sendo muito longo.
Todos aqueles que se lembram de si mesmos com nostalgia.
Quando eles viviam poderosos
Quando eles eram os melhores.
Quando eles fizeram muito mais do que fazem agora.
Todos vocês que estão procurando por aquele momento que nunca chega.
Eu lhes digo.
Você acha que não vai ser a mesma coisa,
que você é velho, que não vale mais a pena.
Errado!
Erro total!
Um erro terrível!
Erro aniquilador!
O que não vale a pena é continuar assim.
Agora!
Agora é a hora.
Se o que você
você tem está bem
mas não excita
Solte-a!

Voltar a ser
você mesmo.
Nunca é tarde demais.
Eu vejo uma luz
com letras grandes e brilhantes
Eu posso adivinhar para ler uma palavra
Liberdade!

O que é o jogo interior?

Nada mais e nada menos do que o que você pensa de si mesmo. Isto é fundamental e decisivo.

Um homem que aprendeu algumas rotinas, alguns jogos, alguns abridores, e depois continua a subir rapidamente sem ser atraente em si mesmo, porque em si mesmo não há nada, ele não fará nada.

Além disso, estas técnicas enlatadas não são naturais e parecem forçadas e mecânicas. Eles são um sinal claro de que ele é um verdadeiro iniciante.

Se o sedutor não só é bom por fora, mas também por dentro, naquilo em que acredita, então ele pode ser bem sucedido.

Uma aparência física sem cérebro é suficiente para fazê-las olhar para ele de longe, mas nada mais, então na interação elas percebem que você é apenas uma fachada e nada de sua personalidade os atrai. Você já pode estar com o corpo 10 que elas o verão como o que você é, um gañan, um caipira, um tolo, ou o que quer que seja.

Você não pode ter sucesso se for abaixo delas na cabeça, quando toda nossa interação é dirigida a um fim, que é flertar com elas sem emanar nossas qualidades atraentes.

Eles não emanam porque por dentro não nos vemos tanto, nós a vemos como melhor do que nós, então por que ela iria querer ir conosco se somos inferiores?

Tudo isso que você tem em sua cabeça é o jogo interior. E isso se reflete totalmente em nossa atitude, comportamento e gestos.

Não podemos fazer gestos de confiança se não o tivermos. Portanto, não importa o quanto ridículo você aprenda, nada vai funcionar, porque não há base, nenhum autoconceito dentro. É por isso que eles falharão milhares e milhares de vezes e o pouco que conseguirem será efêmero e forçado. É por isso que o autoconceito é a coisa mais importante de todas.

Para desenvolvê-lo bem há o livro "JD Absolute Seduction", não vou me repetir aqui novamente.

Linguagem corporal confiante e atraente.

O que elas vêem de nós é nossa linguagem corporal. Ele lhes dirá tudo a nosso respeito. Isto é o que as atrai ou as repele.

Estaremos relaxados, calmos, autoconfiantes, sempre calmos e no controle da situação.

Pela maneira como você se move, pela sua postura, elas se sentem relaxadas e à vontade com você, porque as emoções que você sente dentro de você transmitem e elas são afetadas por essas emoções.

Assim, um homem inseguro se aproximará hesitante, não olhará nos olhos, abaixará seu olhar, tremerá um pouco, transmitirá mal-estar e nervosismo e elas sentirão aqueles sentimentos que não são agradáveis. Elas o explodirão sem olhar para ele.

Não, não haverá uma garota legal que terá pena de você se você agir assim.

Mas se você transmitir calma, segurança e prazer de ser você e fazer o que você faz, elas vão sentir isso, vão gostar e vão querer mais, elas vão querer você.

É por isso que o que temos em nossas cabeças é TUDO.

Que gestos podemos fazer para atraí-las? Lembre-se de que você não pode transmitir equilíbrio se não o tiver, confiança ou qualquer outra coisa. É por isso que é tão importante praticar a visualização e a mentalização em nossa cabeça.

Nós transmitimos nosso maldito poder quando fazemos estas coisas de forma natural e inconsciente:

Afaste seu peito. O tórax é o mais importante. Ele reforça a masculinidade, mesmo que você seja um pouco gordo se tiver um peito com peitorais musculosos, você será percebido como machista. Um macho um tanto descuidado, mas um macho, no entanto. Você tem que conseguir peitorais. É o músculo mais importante.

Tem que haver muito mais peito do que cintura.

Expandir. Estique-se, nunca ande em posição inclinada ou com o dedo na mão, ponha seu peito para fora, tome muito espaço, é um sinal de domínio e controle.

Gesture mais com as mãos, movimentos lentos que dão poder ao que é falado. Enfatizar acrescenta poder ao que você diz, não é o mesmo dizer que era muito grande sem mais, do que fazer um gesto com as mãos expandindo-as para fora. Mão aberta cortando o vento para enfatizar um verbo. Acostume-se a falar com suas mãos. Prática de transmitir algo a alguém sem dizer nada, apenas falando com suas mãos. Também o ajudará a engatar meninas quando você não fala a língua delas, elas não falam a sua, e você também não fala inglês. Olhe para os italianos, eles gesticulam mais, eles são melhores comunicadores porque gesticulam muito. Você não precisa gesticular tanto quanto eles fazem, ou tão rápido quanto eles fazem. Tudo o que fazemos deve ser sempre lento e calmo, o mesmo com gestos manuais.

Olhe nos olhos delas e nunca baixe seu olhar. Estamos ali dominando sem medo, mesmo desafiando, se necessário.

Fale grave e em volume alto.

Um olhar de poder com olhos meio fechados e um sorriso vencedor. Isto é feito sorrindo com os olhos ligeiramente fechados. Ao fazer isso, você demonstra confiança e segurança. Você parece saber algo que os outros não sabem, que você tem algo mais escondido em seu arsenal sedutor. Tramites, eu sou o vencedor, estou ciente disso.

Um olhar calmo que olha para as coisas lentamente, nunca passando por tudo rapidamente com movimentos nervosos e rápidos da cabeça como um esquilo.

Olhares complicados e maliciosos sobre as meninas. Como se você as conhecesse e soubesse algo sobre elas. Você pode fazê-las antes de falar com elas. Olhe para elas e sorria e se elas te seguirem, diga olá, se elas disserem "Eu te conheço? Não seja tímido e se você for direto para dentro, deixe-as ver que você está confiante. Você entra nela por curiosidade por diversão, mas depois disso, ela terá que ganhar sua aprovação como mulher apta para casos de amor. Nada é dado de graça. A relação que ela pretende é de superior para inferior, você não permite que ela faça isso e sob uma aparência formal de igual para igual, o que você transmite com sua linguagem corporal é, eu estou em cima de você baby.

Camiñe com uma marcha longa e lenta, com o pescoço rígido, você olha tudo devagar e move muito pouco sua cabeça. Não vire sua cabeça e, se o fizer, vire-a muito lentamente. Se você puder enfiar seu nariz um pouco como Trump, tanto melhor, e dizer: "Eu gosto de mim, aqui estou eu. Sim senhor!

É preciso andar com firmeza, o corpo se move, mas a cabeça está sempre firme.

Exponha áreas vulneráveis como o peito ou o abdômen, isto mostra que você não tem medo de qualquer agressão e que você está confiante em si mesmo. Você não tem nada a temer, pois você é o macho alfa.

Comovente. Não há medo, você se sente à vontade para fazer contato. Isto, se feito devagar e bem, transmite calor, confiança e segurança. Também agrada porque nós, humanos, somos seres muito táteis. Um abraço a alguém que gostamos e valorizamos é apreciado, não é o mesmo dizer algo simpático do que fazê-lo pelo toque, a união e o vínculo que se forma é muito maior. Ao tocar, transmitimos: "aqui estou eu, sou real, este é o meu corpo". Uma coisa é ver seu braço muscular e outra é senti-lo. Comece tocando o ombro, depois o braço, as costas, a mão ... se você chegar à cintura, vai muito bem. Faça isso muito gentilmente. Se ela deixar você agarrá-la, você está no controle, você se percebe como poderoso, você a canaliza, vem aqui, coloca sua mão nas costas dela, vai lá, novamente você a acompanha suavemente e a conduz.

O aperto de mão é para tolos românticos, eu nunca o faço, exceto se houver uma multidão ou se a área for montanhosa e houver o risco de cair.

Apertar a mão significa se render, você se entrega a ela e não é isso que queremos transmitir. Nós nunca nos entregamos. Levá-la a um lugar muito concorrido é bom e você aperta a mão dela lá, mas você o faz como uma proteção por causa das circunstâncias, não como um "eu gosto de você, vamos apertar a mão". Este aperto de mão transmite potência e proteção. Você dá a ela em dribs and drabs e assim que o momento passa você a castiga e a tira. Ela gostou disso e vai querer mais. Você transmite que ela deve conquistá-lo.

Todos que se apressam a segurar sua mão são um menino melado, pesado, lisonjeador, carente, carente, que a incomoda e às vezes a irrita. A bajulação é horrível. E eu vejo muito isso. Venham e dêem-lhes as mãos, venham e façam-lhes elogios! Patético.

A lisonja funciona quando o que dizemos está em total contraste com nossa realidade interior. Se dissermos "eu te amo, eu te amo" de forma exagerada e ao mesmo tempo estivermos sorrindo para outras garotas, ou olhando para elas, ou apenas temos ou fazemos uma cara atrevida, vai funcionar. Um verdadeiro românticismo, exceto com uma mulher ridícula, por exemplo, uma que nunca se beijou, uma virgem romântica ou algo parecido, falhará como regra.

Ponha sua mão no coração de vez em quando para dar credibilidade à história.

Abrir as mãos para o exterior, para parecer franco. Notei que muitos de nós da guilda de flerte fazemos isso para parecer mais sinceros, todos nós fazemos isso sem nunca falar sobre isso. Se você fizer isso, você está em um nível elevado. Tudo isso, a interação com as meninas, é uma performance. Somos atores e às vezes modificamos a imagem que damos para atingir nossos objetivos. Estamos dizendo algo e, para enfatizar, fazemos estes gestos, sejam eles verdadeiros ou falsos. Não devemos esquecer que somos atores e que somos bons atores.

Atitude atrativa.

Temos que procurar um ponto de ataque e usar nosso humor, um humor que a faça parecer um pouco ridícula e a desvalorize, mas tudo muito leve. Em vez de se sentir como uma diva, ela se sentirá constrangida porque você descobriu algum segredo sobre ela. Isto tem que ser feito depois que tivermos conquistado sua confiança, pois seria um desastre e ela não gostaria de nós porque não confiamos o suficiente nela para lhe dizer estas coisas.

Em geral, é necessário ter estas atitudes:

- Criar conforto na interação.

- Humor.

- Desinteresse inicial em flertar com ela.

- Desinibição e dizer o que nos apetece dizer, às vezes a sinceridade total é boa porque mostramos que não temos medo de dizer o que pensamos, especialmente em relação a ela e a você e suas intenções, especialmente se você usa o método JD em estilo direto, ou o estilo direto.

- Autoconfiança.

- Cansaço, se for preciso.

- Posição de superioridade, mas sendo simpático.

- Masculinidade.

- Carisma. Tendo aquele toque encantador e mágico que o sedutor malandro tem e transmite principalmente com o olhar.

Para emanar bem estas qualidades e comportar-se como um campeão é preciso ter um excelente autoconceito em sua cabeça. Pense grande em si mesmo e depois seja fantástico. Não é ser arrogante ou prepotente, isso é para os betas.

A atitude atraente é o homem que tem as coisas sob controle, que é feliz consigo mesmo e com sua vida. Um homem de bom humor, alegre e divertido, que faz as pessoas se sentirem especiais, que valoriza e é valorizado. Ele também é um homem que recebe respeito se estiver sendo desrespeitado.

Um homem que tem abundância e desfruta de sua vida. Um homem que não vive dependente de outros, nem de coisas externas sobre as quais não tem controle, um homem que vê o lado positivo das coisas. As pessoas gostam de estar com ele porque se sentem confortáveis, atraídas por sua alegria e muito felizes. Ele é engraçado, é legal e você pode dizer que ele tem muita experiência de vida. Um homem carismático e legal.

Ele pratica contando histórias engraçadas, ele pratica valorizando as outras e fazendo-as se sentirem importantes. Não há melhor aliado do que alguém que você ajuda e faz sentir-se importante.

Isto não se aplica totalmente às meninas, mais às relações amistosas, mas algum dia com meninas que você já se atirou se você puder fazer isto.

Não sem a meu pau!

Muitas vezes quando uma garota com quem tenho confiança e me sinto livre para ser eu mesma, sem medo de assustá-la, ou seja, ela é uma amiga para foder que eu não tenho nenhum compromisso com ela e ela sabe quem ela tem, bem, quando isso acontece, muitas vezes quando ela me diz para fazer alguma coisa, ir ao vinho, à praia, fazer caminhadas, ou o que quer que seja, eu lhe respondo com uma frase que eu gosto muito de dizer.

-Não sem meu pau!

Ou seja, não se atreva a deixar meu querido galo fora dos atos, o galo deve ser cuidado e mimado de sua parte ou não haverá absolutamente nada.

Elas se divertem e fazem o que eu lhes peço que façam.

Elas devem estar cientes de que não estamos aqui para fazê-los se abraçar ou segurar suas mãos. Vamos dar-lhes uma boa tarde de risos e diversão, mas elas devem pagar o preço, que é incluir meu querido galo como a estrela do espetáculo.

O galo não acredita em amor ou romance, nem em amizades, nem em nada disso, o galo quer festejar. Galo é vida.

Todo o absurdo de agir decentemente é um papel que elas desempenham porque não as vêem como fáceis, a sociedade não as vê como fáceis de foder, é por isso que elas o fazem. Agora, uma vez fora daquele espartilho, não peço, mas exijo tratamento favorável para meu pau, e você também deveria.

Toda manhã quando acordo com um pau duro e não tenho uma mulher por perto para cuidar dele, fico irritado e agressivo por não poder foder naquele momento. Se uma mulher vier até mim com alguma besteira sobre ter muito respeito, ela está desagradando muito meu pau e é descartada ou deixada por último e será a pior tratada de todas. O pau exige, elas devem entender isso bem. Se elas não cuidam de seu pau, estão desrespeitando você. Faça-se respeitar!

Você pode dar-lhes um pouco de tempo para as novas, mas as ativas devem cumprir. Ocasionalmente você pode dar-lhes um dia de folga, mas como uma recompensa por terem feito muito anteriormente. Se você estiver com pressa e elas não lhe prestarem atenção, castigue-as por isso, ou deixe-as.

Grite

Não sem meu pau!

Viva meu pau!

O lado negativo dos encontros on-line.

Devo adverti-los sobre isto.

Não confie, mesmo que você seja o escolhido e tenha concordado, por exemplo, em fazer uma viagem juntos sem ter se visto, não só pode desistir, como às vezes o faz sem se comunicar mais.

Elas têm vários, muitos, mas muitos, e mesmo que você seja realmente o escolhido, outro pode aparecer todos os dias a quem elas consideram melhor e mudar totalmente suas preferências.

É por isso que assim que ela estiver pronta, não podemos deixar passar muito tempo para materializar a reunião e o flerte.

Então teremos poder real, porque você já é um corpo, um rosto, um toque e emoções reais. Você lhes dá sensações físicas, elas experimentam algo real com você, enquanto o virtual é uma preferência, uma fumaça que se não se materializa em algo real, desvanece-se.

É muito fácil deixar de falar com um perfil que nada pode fazer, basta bloqueá-lo e pronto.

O mundo da Internet é o mais superficial de todos. Utilize-o o mínimo possível.

Porque isso também o acomoda e quando você sai à noite não sai com cara de cachorro para dar tudo de si, você sai confiante e se você não se conectar naquela noite nada acontece porque você acha que tem garotas na rede. Desta forma, você perde qualidades sedutoras, entra menos e fica desmotivado por ter que fazer um esforço quando na internet às vezes elas entram. Isto o tira do jogo noturno, você fará cada vez menos esforço e não será até que você não pegue nada na internet que não volte para a noite. Você se instala. Então é isso, não use muito a internet.

Se ela leva muito tempo para responder, não envia fotos, ou responde algo desagradável porque ela interpreta o que você diz como lhe agrada, ela é uma mulher má e problemática; você deve parar imediatamente de falar com ela. Você se poupará de aborrecimentos, não cumprimento de acordos e recriminações.

Se você tentar seduzi-la, ela só irá atacar e descarregar sua frustração em você.

Muitas estão lá apenas para descarregar sua frustração existencial nos homens que percebem como perigosos por causa de sua atração. Graças ao extremo empoderamento que experimentam na Internet, pois têm milhares de mulheres velhas horríveis, corruptas e mimadas que se acham imponentes e importantes, e tratam com desdém aquele que percebem como um homem macho e confiante. Um homem que elas podem associar com alguém que lhes faça mal. Elas estão lá para descarregar seu mau humor humilhando qualquer um que não lhes preste homenagem.

Essas mulheres o desprezam e nesse mesmo dia elas têm 10 homens de 25 anos babando para fodê-las. Todo o mercado é uma loucura e da enorme oferta de homens carentes vêm estas atitudes de imbecis absolutas.

Jogos de azar pela Internet, jogando sujo.

Jogar para ganhar na imagem da Internet é muito, muito importante. Está cheio de mulheres inseguras, interessadas e imaturas, por isso vamos jogar as cartas que funcionam a nosso favor.

Você deve estar disposto a fingir, mentir e trair como elas fazem, porque aqui, se você brincar bem, elas vão te rebentar totalmente.

As garotas querem um homem

Bonitão

Rico

Jovem

Atenção, cuidado quando dizem isso significa que elas se vêem como o prêmio e ele deveria estar convidando-as para tudo.

Encantador e que ele pode suportar seu mau temperamento.

Elas acreditam que há alguém que irá realizar todas as suas fantasias.

Vamos analisar cada coisa.

Bonito. Isto é relativo, quando chegam aos 40 anos, aquele que tem dinheiro começa a ser bonito, elas não gostam tanto das atitudes masculinas alfa e mais das atitudes viscosas que lhes prestam homenagem e consentimento a tudo.

Coloque uma foto na qual você fica bem olhando para a câmera e sorrindo caso haja alguma mulher desinteressada que ainda valorize o que é um homem de verdade.

Ricos, quanto mais ricos melhor e generosos, é por isso que muitos homens saem com roupas de grife ou carros caros para conseguir que todas essas mulheres simpáticas e abnegadas venham até eles. Há homens de 60 anos que nunca flertaram e agora que são ricos, flertam sem parar, que coisa!

Não sou muito mentiroso, mas perdi a fé em encontrar algo bom na internet, então se você quiser usar essas fraquezas delas para o dinheiro, faça o que quiser, gabe-se e elas virão, essas mulheres não merecem muito respeito, acho eu.

O poço sedutor, macho alfa com todas as suas qualidades atraentes está perdendo muitas posições na internet, tem tomado conta do interesse e das besteiras. Seria um bom momento para deixá-lo aqui, mas nós vencedores nunca desistimos e conseguimos vencer todas as dificuldades. Você tem que saber filtrar as mulheres boas e más por aí.

Jovem, depende, se você tem dinheiro você é jovem aos 89 anos, mas se você não tem, é velho aos 31.

Atencioso e generoso. E elas tiram proveito disso.

De qualquer forma, se você quiser flertar na internet, reze primeiro, porque é uma questão de intervenção divina que uma mulher bonita, boa e charmosa apareça. Talvez aos 20 anos haja muitas assim, mas aos 50 anos quase todas estão interessadas.

Fale com elas, seja engraçado, mande fotos de lugares para onde você as levaria, ou poste uma foto de um homem bonito, ha, ha e depois você aparece. Digamos que você seja milionário, poste fotos de você em Paris, no Caribe, hotéis de luxo. Então finja no primeiro dia, foda-se ela se ela deixar você e desaparecer, você terá feito uma boa ação e terá tirado algo daquela ralé.

Se você for legítimo, boa sorte. Eu realmente defendo que não flertar com as mulleres interessadas nunca.

O jogo online, jogando limpo.

Coloque suas melhores fotos, olhe para a câmera sorridente, entre dezenas todos os dias.

A primeira frase seja espirituosa, pergunte-lhe algo a partir das fotos, faça perguntas abertas. Construa intrigas e mistérios para seduzi-la a responder-lhe.

Por exemplo

-Vou contar-lhe um segredo sobre você pelo que vejo em sua foto.

Por curiosidade e por um ego inchado de receber elogios, elas lhe responderão.

-Diz-me que segredo.

Você lhe diz tudo o que ela gosta que você invente, sem ser muito viscoso e deixa ela intrigada por querer saber mais.

Você lhe diz que eu poderia lhe dizer muito mais, mas para isso tenho que vê-la pessoalmente, assim saberei muito mais sobre você que não posso ver aqui na foto.

Diga-lhe que você é um fisiologista ou psicólogo ou que você conhece psicologia.

Elas cairão como moscas a esta provocação.

A frase seguinte, sem pedir um número de telefone ou qualquer outra coisa, é propor uma data na qual você lhes dá duas opções.

-Você gosta de um vinho ou uma cerveja? por exemplo.

Às 8 horas no bar Pepe's... OK?

Isto seria super rápido.

Experiência interessante.

Como isto é muito superficial, você pode colocar uma foto de alguém impressionante e abusar do poder que ele lhe dá. Peça-lhes que vão para um hotel para dormir com você. Isto não o ajudará a paquerar, mas a observar como elas se comportam. Muitos delas vão dizer que adoram.

Se quisermos consolidar um pouco mais, então falamos de coisas mais normais até certo ponto, sem exagerar, é preciso ser diferente, espirituoso, original e usar o humor. Lembre-se que você não tem nada e que se você for apenas mais uma pessoa dizendo o que todos os outros lhe dizem, você não terá vantagens. Leia a palma da mão delas, conte-lhes o futuro, mostre-lhes lugares fantásticos e faça perguntas que impliquem em algo importante para elas. Se elas lhe confessarem algum segredo ou confiança, você terá se conectado emocionalmente com elas e elas estarão predispostas a vê-lo.

Seja um mágico, um cartomante, leia seu perfil e surpreenda-a com as mesmas atividades e gostos que ela. Falso ou não.

Em cada perfil está escrito quais são seus hobbies, aí você tem uma veia a explorar para criar conforto e união.

Se você estiver indo devagar num plano estratégico, não tenha pressa em fechar um encontro. Use o mistério, a intriga e deixe-os querendo saber mais sobre você e elas.

Diga que você está sempre muito ocupado com um trabalho que o absorve e não responde rapidamente. Elas devem apreciar a sorte que tiveram em poder conhecê-lo.

Se você tiver várias na fila, cancele os compromissos por obrigações de trabalho falsas e vá ver aquele que mais lhe entusiasma. Você tem que ser fácil de ver por causa do enorme interesse que você gerou muito rapidamente, ou muito difícil de ver.

Deixe-as vê-lo e sentir-se sortuda, mas não demore muito, pois sua enorme demanda pode levar à competição.

Em geral, apresse a primeira data, pois é a que lhe dará o poder e depois, se puder, faça-a sofrer um pouco.

Nem tudo é tão auto-serviço e feio como eu disse antes.

Às vezes tudo isso é fácil e fantástico.

Basta detectar as mulheres más e não falar com elas.

Se não fizermos este filtro, a Internet será horrível.

Sexualizar a conversa.

Se houver uma boa conexão, só então você pode falar de sexo. Isto é muito importante, portanto, você os aquece. Se elas puderem falar sobre isso, então elas estão interessados em fazer isso com você. Você pode e deve falar sobre isso, de fato, é muito necessário porque isso lhe poupará tempo, o tempo que elas fariam você esperar para ter sexo com elas.

Mas fazer isso somente depois de construir confiança e boas vibrações, então podemos ser nós mesmos, e desenvolver o charmoso, atrevido, atrevido, sem vergonha, o canalha que a foderá sem nenhum disfarce.

Não diga a elas que eu gostaria de dormir com você, tome isso como certo, diga a elas

-Vou foder você até desmaiar, -fluir, ser o vencedor.

Tudo isso fará com que na reunião inicial, em vez de ir tomar um café e conhecê-la, elas já estejam excitadas e prontas.

Isso o poupará de ir a datas em que elas vão ter uma visão estreita. Ele filtra ainda mais o mercado e deixa você com as coisas boas, os pintos excitados, agradecidas e faciles de ser fodidas.

Você não tem muito a perder, por favor, e seja você mesmo, um maldito charmoso bastardo.

Sinais de que elas gostam de nós na internet.

Ela responde às mensagens rapidamente e também com pontos de exclamação ou emoticons.

Ela nos dá ligações telefônicas fáceis na Internet.

Ela nos envia mensagens.

Ela gasta muito tempo conversando conosco.

Ela fala conosco todos os dias.

Ela acha as coisas que você lhe diz muito interessantes.

Ela é muito simpática.

Ela se atreve a falar sobre sexo conosco.

Ela está disposta a se encontrar pessoalmente.

Ela nos diz coisas que nos dão valor como expressões como "um homem como você", o que significa que ela nos vê como diferentes e acima do resto.

Ela até reconhece que gosta de você.

ela nos envia fotos nuas.

Tudo isso nos dá confiança e nos transmite que somos o escolhido.

O homem procurado.

Uma vez, há muitos anos, vi um filme no qual Goldie Hawn apareceu com Mel Gibson, "Dois coelhos de uma cajadada só", neste filme ela reclamou que ele não era muito sério, que ele foi com meninas, ela disse que havia um que era mais formal. Ele respondeu.

- Você não prefere alguém mais solicitado?

Eu achei isso engraçado, essa é a chave.

Por que as mulheres têm que ir com homens chatos e enfadonhos que nenhuma delas gosta ou quer? Há uma razão para haver mais demanda por esses outros tipos legais, charmosos e independentes. Elas reclamam, mas são aqueles que realmente gostam.

Os malandros triunfam.

A princesa Leia também escolheu um patife, um patife contrabandista e não muito bem pago, Han Solo.

Quando ele chegou para beijá-la, ela lhe disse que ele era um canalha e ele usou isso em seu benefício e disse.

-Você gosta de malandros.

Ótimo!

Ele não perguntou, ele afirmou! e o outro se sentiu intimidado por tal confiança.

Eu vi isso quando era criança em Deus sabe que filme era, acho que era o Retorno dos Jedi, e embora eu não o tenha assimilado completamente, isso me causou interesse e curiosidade.

O que teria um canalha para fazer a princesa gostar dele, pensei, mas aos 10 anos de idade logo percebi que, sim, ele era preferido a outros mais bonitos e simpáticos, justamente por causa de sua bochecha.

O malandro sempre venceu a todos e somente os grandes bonitões acompanharam suas conquistas. Temporariamente, porque eles não têm o espírito do canalha e logo se aposentam com unha namorada. O canalha triunfa não só aqui, mas em toda a galáxia.

Se você for um patife atrevido, que pega o que você pensa que é seu e o seu é quase tudo, você será o melhor e flertará mais do que todos os bonitões.

Seja um homem em demanda.

O problema de não foder com elas.

À s vezes há problemas, no meu caso o problema é o que eu não fodi. Embora eu fiz tudo o que pude e fiz o melhor para foder todas elas, não houve tempo suficiente e se você estivesse com várias delas, não iria dar lugar a mulheres de má qualidade quando você tivesse boas.

Então, unha vizinha na minha escada me cumprimentava e falava comigo desde o início, quando comecei a morar no prédio. Esta mulher não me deu nem a mínima qualificação para querer nada com ela, então ela foi ignorada por décadas.

Ela era casada com um homem que não olhava muito bem para mim, o fato é que depois de 7 ou 8 anos ela se separou daquele homem e ele me disse que queria ser meu amigo.

Eu disse a ele

-Mas se você sempre me desprezou, por que você quer ser amigo agora?

Ele me respondeu

-É porque minha esposa estava sempre falando de como você era gostoso.

Eu ri e senti pena do homem e o admiti.

Mais anos se passaram e o homem desapareceu, mas aquela que ficou foi sua ex-mulher, desta vez com força renovada.

-Olá vizinho.

Bom dia!

Como você está?

É assim todos os dias.

Levanto-me às 7 da manhã e lá está ela na rua me esperando, chego em casa às 2 da manhã e ela também está lá, o dia todo. Chego em casa às 2 da manhã e ela também está lá, ela está lá o tempo todo para me cumprimentar.

E eu pensei.

O problema é que eu não a fodi na época e agora não consigo me livrar dela.

Se eu a tivesse fodido na época, não lhe teria prestado a mínima atenção e ela teria ido embora, parando de falar comigo e dizendo olá para sempre.

É por isso que, às vezes, o problema é que você não as fodeu. É por isso que agora você sofre o maldito assédio delas.

Se eu soubesse que ia ser assim toda a minha vida, eu a teria fodido para que ela me deixasse em paz, mesmo que eu não gostasse, pelo amor de Deus, que chato!

Aproveite a oportunidade.

Um canalha é um oportunista e nunca perderá uma oportunidade, por mais louco que seja.

Então eu beijei mihna chefa no trabalho, de quem dependia toda a minha renda, e não apenas isso, eu também a fodi, durante meses.

Nem mesmo respeitando as amigas de sua namorada e fodendo-as também, atirando-me às irmãs das garotas com quem você está, suas amigas, e se tivesse sido apetitoso e possível eu não teria hesitado em foder suas mães ou suas filhas, dependendo do tempo da minha vida. Quando eu era jovem, as mães e quando eu era mais velho, as filhas.

Um canalha é um bastardo egoísta e infiel ao máximo.

Eu até já beijei estranhas à noite, tendo saído com namoradas e até mesmo namoradas oficiais.

Sempre que surge uma oportunidade, seu sangue ferve e você faz o que for preciso para beijar aquela garota que sorri para você e olha, então você deixa a namorada e vai e beija-a. Até já fui pego fazendo isso.

E o pior é que você não se arrepende de nada, bem, sim, você se arrepende de ter perdido uma pequena oportunidade. O problema é que eu acho que nunca perdi nenhum importante, quando vi a brecha, eu pulei para dentro.

Uma vez eu saí com duas meninas, uma que estava comigo com o propósito de me formalizar e se tornar minha namorada, e a outra era sua amiga, que era interessante e era mais da minha mentalidade. A garota que estava comigo foi pedir bebidas e eu fiquei sozinho com a outra, que, inconscientemente ou não, se aproximou demais de mim. E quando o pescoço é mostrado a um predador ela morre!

Então eu a comi ali mesmo e então ela se aproximou e imediatamente me mordeu, e quando minha namorada voltou nos viu nos beijando.

E eu não me importava mais em foder com aquela nova garota. Tão fiel, tão formal.

Ela sentiu dor daquela garota que eu beijei e eu também não me importei muito.

A questão é que você tem que ser ousado e ficará surpreso com as coisas que elas o deixam fazer, então você se pergunta: eu fui burro o tempo todo que não fui tão descarado assim? A resposta é: sim, você estava.

Se você se comporta normalmente, elas o tratam normalmente, mas se você se torna desafiadoramente arrogante, arrogante até o punho, atrevido e anda por aí arrogante mas engraçado, arrogante mas charmoso, você será o mestre, você será extremamente atraente e elas o deixarão fazer o que você imaginar e muito mais.

Uma vez eu saí com uma namorada que tinha e pessoas de um curso que freqüentei. Havia lá uma garota que não era ruim. Ambos foram a um pub, a namorada e a outra. A namorada que estava conversando com a outra passou, depois esta nova e eu entramos atrás dela. Quando eu estava entrando, agarrei o traseiro dela e toquei-a para minha plena satisfação, a garota que eu não tinha beijado ou feito nada, ela não fez um alarido ou disse "O que você está fazendo? Não!

Ela se virou e disse.

-John, sua namorada está na sua frente", disse ela.

Eu respondi

- Ela não sabe

Eu continuei tocando nela e ela me deixou.

Fiquei surpreso que ela não tenha feito alarde, mas as pessoas não fazem alarde e, acima de tudo, por causa de sua desavergonhada atração, por isso suportam sua desavergonhada falta de vergonha. Se você perceber que ela gosta de você, comece a ser assim e ela não vai deixar você apenas tocá-la, ela vai gostar.

Uma vez que havia unha parella beijando se e quando eu vi que ele não estava tocando o traseiro dela, eu fui e toquei, ela podia pensar que era ele. Ela também era uma ex minha que era muito má, então eu toquei o traseiro dela porque eu sabia que mesmo que ela percebesse que não ia fazer nada depois de tudo que aquela mulher me devia. Ela sabia que era eu porque me viu, e me deixou porque sabia que se dissesse alguma coisa eu iria enfrentá-la sem medo e se ele a defendesse, eu iria lhe dar uma surra. Quando você é mordido essas coisas acontecem.

Outra disse que ela não ia curtir comigo e eu coloquei minha mão no traseiro dela e lhe disse.

-Bem, pelo menos deixe-me tocar o traseiro.

E ela me deixou.

Isto foi visto pelas pessoas no bar e um homem veio até mim e disse que queria vir comigo e se juntar a mim, que tinha sido levado pelos ares.

Nunca perca uma oportunidade. Se você vê algo que você gosta, você vai em busca dele,

Neste livro eu lhes ensino as virtudes da bochecha, por isso lhes digo que às vezes é melhor dizer a verdade com total sinceridade, atrevido e encantador.

Uma vez eu estava com alguns amigos e vi um traseiro se mexer lindamente, um traseiro muito bem feito, eu nem mesmo vi o rosto, nem precisei ver. Eu estava falando em manter a posição (ver sedução 5.1) e disse - a posição vai ser mantida por sua mãe prostituta. Eu os deixei e me apresentei

-Hi, qual é o seu nome?

Ela me disse o nome e perguntou

-Por que você veio?

Respondi com sinceridade e malandragem

-Vim pelo seu traseiro.

Ela riu, eu a abracei e em poucos minutos eu a beijei, depois a fodi por muitos meses.

A sinceridade sem vergonha funciona.

Seja sem vergonha.

De que você está esperando? A vida passa, é preciso fazer o que se quer, assim mesmo. Você não quer saber o que as pessoas dizem.

Em outra ocasião saí com o francês e minha namorada daquela época,

Eu estava fodido porque não tinha conseguido me livrar da namorada, queria sair e flertar com o francês, já tinha namorada suficiente.

Em um pub, o francês começou a flertar e eu tive que me conter por não ser capaz de agir.

Além disso, as meninas estavam olhando para mim, algo impressionante porque o francês era muito mais bonito do que eu e elas sempre iam até ele. Naquela noite, por causa da pré-seleção para ir com a namorada, uma garota muito gostosa, por sinal, elas estavam olhando para mim.

Ela percebeu que eu estava com raiva de não ir flertar e me disse

-Vejo você Rocco (foi assim que ela me chamou depois do ator pornô) que você está fodido por não poder flertar, eu espero qualquer coisa.

E ela acrescentou

- Vá ao flerte que eu não me importo.

Eu disse a ela

-Ela ficou convencida e disse - sim, você vê - me desafiando a não ir, mas eu, sendo um rebelde, pensei - você vai descobrir. Então, lá fui eu.

Fui recebido como um herói, elas me agarraram, conversaram comigo, todas elas me agarraram, um sucesso total. Tanto que unha delas confessou que gostava de mim. Dei-lhe um beijo na boca e quando eu estava presto a beijá-la de verdade, lá na frente da namorada, ela me separou e me deu uma bofetada que fodeu totalmente o namoro. O que me fodeu não foi que a namorada se irritou, mas que ela fodeu a minha seduçao da garota. Eu disse a ela -Você não disse que eu deveria flertar, então deixe-me flertar-.

Logo terminei com ela porque queria paquerar mais do que estar com ela.

Ser sem vergonha.

Um patife, embora não pareça, não é mau, é uma pessoa bonita e combina sua vergonhosa maldade com momentos de apreciação e valorização dos outros. Poderíamos dizer que ele é bom, mas muito, muito maroto.

Nunca devemos confundir ser desavergonhados ou duros com ser maus.

Mesmo que sejamos egoístas, mesmo que sejamos um pouco manipuladores, um pouco manipuladores, um pouco narcisistas, mesmo que pensemos que somos os melhores, no fundo somos bons e nunca fazemos coisas ruins. Nós nem fazemos coisas ruins a pessoas muito ruins, é melhor perdoar do que se vingar. A própria vida lhes pagará de volta pelo mal que fizeram. É melhor não cair ao seu nível, fazer o mal e depois se sentir mal.

O canalha é um bom homem que otimiza suas armas de sedução e, portanto, alcança resultados muito melhores do que outros.

O canalha tem carisma e aprecia e elogia seus amigos, e até mesmo namorisca, se elas o merecem. Ele não espera muito de ninguém, mas não se importa, ele sabe que não está machucando ninguém e que está fazendo o bem, dando felicidade e alegria.

Você é malandro e malicioso, mas não é maligno. Você trabalha para seus próprios interesses e se esforça para conseguir o que quer através do charme e da malandragem. Você as faz rir e elas veem claramente o que você quer, coisas que você não esconde de forma alguma. Elas gostam de seu charme e sinceridade e assim cedem a seus pedidos alegremente e com alegria.

Você ganhou o que ganhou e merece.

Entre em um transe sedutor.

Às vezes você entra numa espécie de transe porque se torna tão consciente de seu enorme poder. Você acredita totalmente nisso e sente um poder imparável porque percebe que já é tão poderoso assim. Isto lhe dá uma euforia tremenda.

No filme "Face off" com John Travolta e o magnífico e para mim o melhor ator do mundo Nicolas Cage, podemos ver algo semelhante.

Nele, as identidades são alteradas e uma se torna a outra, o policial se torna o criminoso e o criminoso se torna o policial.

Bem, há uma cena em que o policial que era Travolta está no corpo do delinqüente Nicolas Cage e uma briga irrompe. Então este policial percebe que não é mais ele, mas o outro e sente todo o poder do mal do criminoso. Ele começa a espancar um prisioneiro e começa a gritar

-Sim!

Eu sou Castor Troy!

Sim, eu sou Castor Troy!

Eu sou Castor Troy!

Parece que às vezes ele pergunta se está, às vezes ele diz hesitantemente, às vezes ele está convencido. Quando ele parece convencido é quando ele tem todo o poder.

Às vezes ele está assustado, às vezes está eufórico, em resumo, é assim que é o transe sedutor.

Toda esta cena é representada por Nicolas Cage.

Você também tem um Castor de Tróia dentro de você, um que você tem trabalhado com seu jogo interior e prática incessante.

Um dia, você conhecerá este novo eu que você criou. Você vai perceber seu poder, um poder que é assustador e que deve ser controlado.

Banir a fixação.

Quem se dedica à sedução tem que se desligar das garotas com quem flerta, pois tudo é temporário e efêmero.

Você sabe que elas vêm e vão, que às vezes você faz tudo perfeito e nada sai, que outras vezes você faz algo muito medíocre e isso funciona, que você não pode confiar em nenhuma delas mesmo que você a foda como um campeão, que todas elas têm outros, que todas elas mentem, que todas elas têm três vezes mais experiência do que elas confessam. Que elas estão brincando com você, usando você quando lhes convém, assim como você as usa.

É por isso que você não pode sentir nada por nenhuma delas.

Elas preferem você assim, frio e duro, muito mais do que romântico e atencioso. Projete sua masculinidade e poder, faça o máximo de ação que puder e desapareça dela, ela provavelmente não lhe dará mais ouvidos, ou ela apenas terá o que queria e desaparecerá.

Não há muitas mulheres boas e amorosas. É preciso ser assim para se poder viver bem neste ambiente. Se você se comportar frio, duro e desapegado, você será bem tratado, apreciado e elas repetirão, se você for mole elas chamarão alguém de mais duro e melhor do que você.

Lidar com isso.

Obrigue-as a ouvi-lo.

No primeiro encontro, se for uma garota que contatamos pela internet, temos que dosear um pouco nossa pouca-vergonha se virmos que ela está quieta. Desta forma, alcançaremos primeiro o conforto e com conversa e relacionamento, uma certa cumplicidade. Eu não disse isto muito antes, você tem que escutá-la, isto a fará sentir-se confortável e relaxada.

Ouvindo-a nos mostrará como é seu mundo. Normalmente elas não têm muitas viagens e entretenimento, então elas nos falarão sobre seus empregos, seus filhos, sua família, ou o que for mais importante para elas.

Ao ouvi-las, você tem uma noção de como elas são e pode usar isso em seu benefício.

Uma vez que se sentem confortáveis, algumas delas são muito pesados e continuam a falar sobre coisas e coisas relacionadas ao trabalho, ou simplesmente coisas racionais que são de pouca ou nenhuma importância para nós, ou que são de pouca ou nenhuma utilidade para nós.

Uma vez que a escutamos o suficiente, se virmos que ela ainda está lá, nós a cortaremos. Ela está levando a conversa a um nível soporífico e isso não nos convém ou nos agrada, assim como nós a escutamos, agora ela nos escutará e nós lhe diremos coisas que nos agradam.

Nós a detemos em seu caminho dizendo, você não me pergunta nada? Ela perceberá seu egoísmo e escutará.

Isto é um sinal muito ruim quando ela não pede nada e nós não temos que tolerar isso.

Uma mulher interessada em você quer saber coisas e se ela não quiser saber, nós lhe diremos exatamente como ela fez.

Ou isso, ou você vai embora, porque não perde seu tempo com uma mulher que não está interessada em você.

Aqui nos fazemos respeitar. Dizemos a ela o que nos apetecer dizer, sem pensar se ela gosta ou não. Se antes era bom, podemos procurar um tema de interesse comum, o que seria normal, mas se não for, diremos a ela o que nos apetecer, sem nos preocuparmos em agradá-la ou diverti-la. Nós nos divertimos muito. Além disso, se nos divertirmos, seremos mais simpáticos e carismáticos.

Elas deveriam ouvir nossas histórias. Isto nos dará nossa importância e a deixará intrigada e ansiosa para saber mais, e nós seremos mais valiosos para ela.

Faça-as ouvi-lo, você também tem coisas importantes para contar e ela deve estar em uma atitude de valorização de sua história, uma história que será contada com muita mais energia, vitalidade e dinamismo do que seu pequeno e enfadonho discurso.

Desta forma, agradaremos a nós mesmos, nos sentiremos importantes e faremos com que ela nos valorize também.

Nunca passe a reunião dizendo sim a tudo e deixando-a tomar as rédeas da interação.

Faça piadas, acrescente um pouco de humor, goze com ela de vez em quando e, se você não gostar do que ela lhe disser, pare e não a escute mais. Se não há derrubada não há nada, nós nos fazemos respeitar e ouvimos até nos cansarmos, não estamos sempre engolindo toda a porcaria delas.

Você tem que liderar e fazer coisas divertidas com ela, ou pelo menos dizê-las, porque você é muito melhor do que ela. Nós somos melhores e o mostramos.

Estas mulheres tagarelas são dominantes, há apenas um dominante aqui, o macho alfa, não deixe que ela tome todas as luzes da ribalta.

Imponha seu discurso e emane sua magnífica visão de vida. Venda-se como um grande homem que é legal, simpático e charmoso.

Estas mulheres tagarelas ficarão surpresas por não estarem batendo palmas o tempo todo se você as cortar. Ver um homem que se impõe e não engole o que ela não quer engolir lhe comunica que somos o dominante, que tem que ouvir ela de nos, porque já ouvimos muito dela antes. Ela vai gostar mais de você do que se você estiver lá como um cavalheiro idiota engolindo seu maldito rolo.

Tudo com charme e confiança.

Diante de suas conversas sobre empregos, você pode usar a sexualidade indireta e fazê-la rir e depreciá-la ainda mais. Faça o que vem de você. Você não está lá para conseguir nada, você está se divertindo. Quanto mais naturalmente fluido e autêntico você é, mais poder você mostra.

Não pretendemos nada com ela e não nos apetece usar o estilo direto.

Não fazemos planes com ela, ou dizemos coisas que implicam que queremos vê-la. Estamos jogando, avaliando se ela é digna de nossos magníficos serviços. Ela é a única que tem que nos ligar.

Fale por si mesmo.

De fato, toda vez que falamos com uma menina ou com qualquer outra pessoa, temos que falar a partir do "eu". Ou seja, comunicar o que pensamos sobre as coisas. Nunca diga que as pessoas dizem, as pessoas dão sua opinião, a sociedade dá sua opinião. Você tem que se dar coragem e importância, assumir riscos, ter confiança e dizer. Eu tenho uma opinião, eu acho, eu acredito.

Que se veja que você não tem medo de dar sua opinião, de fato, que você gosta de dá-la.

Tenha a coragem, os tomates e a confiança para dizer o que você pensa com determinação. Tente ter um bom julgamento também, porque se você colocar muita confusão em uma declaração que mais tarde se revelará falsa, você só vai fazer figura de tolo.

É por isso que, para não cometer erros, temos que experimentar e arriscar fazer coisas corajosas por conta própria, para que mais tarde saibamos do que estamos falando. É aí que você tem que pressionar seus limites e se você o fizer mal, ninguém o verá. Não estou falando de paquerar, estou falando de superar medos e crescimento pessoal.

Uma vez escalei o campanário de uma igreja solitária e abandonada em ruínas. Eu o fiz para explorar, para experimentar. Pura adrenalina, bem, eu escorreguei e quase caí de cima, ou teria morrido, ou ficado gravemente ferido, no meio do nada e ninguém teria me ouvido. de que me serviu? bastante. Você já esteve nessa situação e, caso isso aconteça novamente, você saberá como agir melhor. Isso lhe dá auto-estima e confiança.

Os pirralhos.

Todos os meninos do papai, aqueles que fazem tudo e tudo corre bem para eles, são meninos que, embora possam ser bonitos, fortes e altos, não são homens de verdade. Isto é muito perceptível porque eles são muito covardes. A vida deles tem sido toda sobre conforto e eles têm medo do confronto. Esses homems são acobardados pelos verdadeiros bandidos. Isto pode parecer algo que não está relacionado à sedução, mas está. Estes homens não são machos, não sofreram e não estão irritados, frustrados e fodidos, como o menino mau que é mal tratado em casa, que não é compreendido, que é humilhado e desprezado. Por causa de tudo isso, ele se torna duro e mau e não quer saber de um confronto, porque ele não quer saber de nada. A vida do bandido tem sido uma merda e se algo ruim acontece com ele, é mais do mesmo, ele não tem nada a perder, ele até desabafa no confronto.

Aquele que tem muito a perder fica com os pés frios, pensa em sua esposa, seus filhos, seu Porsche, sua vila, e cede. O bandido não tem nada além de sua dureza interior forjada, como explicarei mais adiante.

Este tipo realmente duro intimidará a todos eles e mesmo que não surja nenhuma luta, este caráter dominador e ultra-confiante do vilão emanará tal masculinidade que ele atrairá totalmente as meninas. Se ele acrescenta a isto um caráter divertido e alegre, sendo um homem duro de coração, bem, é isso, ele é um nocaute.

É por isso que todos os meninos pequenos que têm bons carros comprados por seus pais e que conseguem meninas porque são bonitos, ou porque são filhos de alguém importante, não são, e não podem ser, duros. Eles podem ser sem vergonha, mas podem ser sem vergonha e sem vergonha, mas de uma forma grosseira e estragada, gabando-se de seus bens e coisas assim.

Tudo o que elas recebem é mulheres burras como elas e mulheres interessadas. Mas é uma coisa tranquila quando a vida lhes dá um contratempo, eles levam um golpe tal que ou amadurecem e mudam radicalmente, ou simplesmente não superam isso.

Para ser um verdadeiro sedutor você tem que eliminar completamente esta vida fácil. Estes são falsos triunfos que nada fazem para construir seu caráter, mas o tornam cada vez mais mimado e fraco. Se você for um menino infantil, ficará com mulheres rasas, sem cérebro e pouco atraentes, por mais bonitas que elas sejam.

Em dificuldades aprendemos e melhoramos, em prosperidade só gostamos muito pouco de aprender.

Falsos sedutores sem nenhuma atração, as meninas só vão lá para tirar proveito.

Forjando o Caráter .

Quando o relacionamento com minha primeira namorada terminou, eu fiquei triste e desencantado, flertei muito, mas no fundo fiquei magoado e macio e foi tudo o que recebi, apenas beijos e pronto. Eu também fui superprotegido por meus pais. Toda a minha vida eles me fizeram um covarde, instilando em mim medo de tudo. Entre isso e o fato de que minha primeira namorada era como outra mãe, gentil e boa, eu não desenvolvi nenhum caráter.

Eu era um rapazinho suave, inocente, inocente, bom, feliz, franco, era assim que eu era aos 19 anos.

Eu tolerava abusos por medo de confrontos. Esta fraqueza de caráter me machucou enormemente e eu não teria chegado a lugar algum se não tivesse corrigido. Eu sempre teria sido uma criança, fraco, mole, um perdedor total.

Agora depois desta primeira namorada eu não estava mais tão feliz, eu não estava mais todo feliz, eu tinha realmente sofrido pela primeira vez em minha vida, isto me deixou irritado e frustrado, mas eu ainda era um covarde para pedir o que eu queria, que era foder com elas. Eu também tive que me rebelar contra meus pais que me deram horas ridículas, não me deram nenhum dinheiro e me recusaram nada do que eu esperava. Por causa de tudo isso, eu não tinha para onde ir e não tinha como dormir com elas.

Esta frustração cresceu, mas também cresceu o desejo de encontrar outra boa garota.

O que me aconteceu foi horrível, mas a longo prazo, a melhor coisa que já me aconteceu.

Conheci outra garota que era muito simpática e de quem eu gostava, e tive a infelicidade de ter sucesso e sair com ela.

Mas esta não foi a primeira namorada, ela era uma garota muito complicada que me deu uma vida muito ruim. Ela tinha um problema e que era incapaz de mostrar sentimentos ou de dizer algo agradável. O que ela fez foi fazer piadas, pequenas piadinhas e te colocar no chão e coisas para te foder de propósito, mas ela o fez com muito carisma e graça. Como ela era tão engraçada e encantadora no início por causa da minha maciez, eu aturei, mas à medida que a relação progredia comecei a perceber que não era mais agradável e estava começando a ser muito desagradável. Não eram brincadeiras, ela estava fazendo isso para foder a min.

Eu estava lá com ela, passando tudo para ela, sofrendo como um imbecil, suportando sua rudeza, arrogância e imbecilidade.

Às vezes ela me fazia esperar mais de 2 horas para vê-la e quando vinha ela falava com todos menos comigo, depois voltava toda feliz, rindo de alegria ao me ver fodido. Ela sempre me levava o seu povo onde todos sempre a elogiavam porque alegrava-os sua infantilidade. Ninguém lá me apoiou, eu podia dizer que os incomodava, porque aquele macaco era quem fazia suas noites felizes com seus disparates, e como eu estava lá elas não podiam se divertir tanto, porque ela tinha que fazer algum tipo de caso para mim. O mínimo, é claro, e às vezes nem mesmo isso.

Senti-me cada vez mais abandonado, sozinho, triste, zangado, incompreendido e frustrado.

Comecei a confrontá-la, a dizer-lhe o que estava errado com ela, e ela finalmente me confessou que a mulher estava louca, que eles haviam tentado estuprá-la e que agora ela estava se comportando dessa maneira. Isso foi depois de um ano infernal de desprezo, rudeza e imbecilidade que eu aguentei.

Fui um tolo total em ser fiel, pois ainda tinha algum remorso por ter sido infiel à minha primeira namorada, que era boa, mas muito, muito monótona. Por isso me confiei ao amor e prometi a mim mesmo que por esta mulher eu lutaria e me esforçaria para ser bom, para encontrar o amor. E lá estava eu, com infinita bondade e paciência, suportando esta mulher desvairada. Um dia eu lhe disse - estou farto de você! Mas estas queixas vieram de fraqueza e necessidade e não tiveram nenhum efeito sobre seu comportamento, ao contrário, ela me via mais fraco e abusava mais de mim.

Eu queria um amor como o de minha primeira namorada, mas aqui, da maneira como eu estava me comportando, eu não ia conseguir nada nem remotamente perto. Todo o sofrimento pelo qual passei foi a melhor coisa que me aconteceu. Aqui eu realmente vi a dureza da vida, e foi isso que me deu o caráter, o mau feitio e a agressividade para não tolerar mais nenhum abuso.

Um dia, um deles estava tentando beijá-la na minha frente. Eles a viram sendo tão tola e desprezível comigo que se levantaram e eu o agarrei e o empurrei para longe.

Em outro dia, outro também, este eu dei uma cabeçada.

Por pura fraqueza eu estava me tornando violento, mas o problema não eram aqueles que queriam pegá-la, era ela não ter nenhum respeito por mim.

Eu realmente percebi que ser razoável e simpático com ela, como eu tinha sido durante um ano, não me daria nada, um maldito ano no inferno suportando seu desprezo e humilhação. Ela me viu mal e nunca cedeu.

Para completar tudo isso, ela me deixou. Fui tão humilhado e fodido que não aguentava mais de ninguém, nunca, nunca! Nunca mais uma puta desvairada foderia minha vida e me deixaria totalmente amargado, tudo por não me ter feito respeitar a mim mesma, por ser condescendente e bom.

Fiquei tão enojado com esta mulher que mudei completamente. Agora 27 anos depois eu acho que eu deveria ter me levantado no primeiro dia e não ter sofrido e a feito sofrer, mas isso está feito.

Logo após ela ter voltado para mim, eu a levei de volta sem ilusões, tão triste e desapontada que não me importava se estava ou não com ela. O que ela encontrou foi um homem diferente, muito frio, ele não era mais um homem, ele era um monstro que ela mesma havia feito e que estava prestes a se voltar completamente contra ela. Um monstro egocêntrico, egoísta, filho da puta, desprezível, sádico e psicopata que ela mesma havia forjado em um lento golpe de fogo por golpe. "O Joker". Um Joker como o do filme. Um psicopata nascido da dor, humilhação e sofrimento. Chega de mijar na minha cara.

Logo encontrei uma nova ilusão, não amor, não, Deus não, não é isso! Minha grande ilusão era matá-la completamente sem piedade na primeira coisa que eu não gostava, e menino eu consegui.

Na primeira noite que saí com ela novamente, recusei-me a ir à sua cidade de merda e exigi que ela viesse sozinha à minha cidade. Ela veio mas com seu primo que me tramou traiçoeiramente.

Naquela noite aprendi a dizer a melhor palavra do mundo, aquela que as meninas mimadas devem ouvir com freqüência: Não! Um marmoreal não, um não que é acompanhado por uma independência real, por um desinteresse total em vê-la ou agradá-la. Um não que ainda reverbera, um não que confirmou que ela não estava mais no comando... Um não que mudou minha vida infinitamente para melhor.

Naquela noite ela saiu comigo e me trouxe sua prima de merda, uma mulher que era sua puta defensora e que não só justificou todos os abusos que ela me fez, mas também me acusou de ser insegura, ciumenta, etc. Unha verdadeira filha da puta que queria que eu acreditasse que era o louco, que achava que não havia problema para ela falar e ouvir a todos menos a mim, que via ciúmes em tudo. Que ela estava bem em ser agarrada e abordada até não saber se estava sendo beijada ou não. Acho que ela até beijou um deles uma vez na minha frente, e até mesmo que ela se recusou. Uma mulher terrível. A vida a terá colocado em seu lugar, como ela merecia.

Bem, eu, que já tinha passado por cada uma de suas merdas mil vezes, não ia tolerar nem a mínima delas. Assim que vi que elas não estavam fazendo o que eu queria, que mais uma vez eu teria que engolir coisas que eu não sentia mas nada, como aturar esta filha da puta fazendo minha noite amarga, entrei em modo desagradável, aguentei cerca de dez minutos tentando me divertir, mas não me diverti. Elas tinham o monstro à sua frente e não o sabiam. De repente vi que eu estava achando insuportável ter que aturar aquele babaca, e como elas não estavam me agradando, eu alzei e disse à namorada na frente da prima, que eu estava saindo! Eu não quero estar com esta mulher.

Este foi o momento em que minha vida mudou para sempre.

Eu saí sem mais explicações e ela ficou ali perplexa, fodida pela primeira vez. Ela percebeu que eu não estava brincando, que ela não tinha mais nenhum poder sobre mim, poder que eu lhe dei por minha bondade e suavidade. Vá se foder! Se alguém tivesse fodido com ela, eu teria pena dele, porque não compensava nada.

Naquela mesma noite, assim que as deixei, fiquei muito feliz pelo que havia feito, para me fazer respeitar. Eu me senti livre e recuperei meu eu natural feliz. Eu peguei uma garota em poucos minutos no primeiro pub que entrei. Ela era unha mulher ótima, e muito melhor do que minha namorada.

Ela poderia ter estado lá e me visto, mas eu não me importava, se eu a perdesse, tanto melhor! Se eles a foderam, deixem que eles a fodam e a suportem. Eu não me importava com nada que pudesse acontecer.

O que ela estava me oferecendo novamente? Pura merda, para ter dificuldades, para aturar e sofrer desnecessariamente. Eu era um homem feliz antes dela e tinha me tornado um amargo. Por que eu iria querer ir com ela? Para continuar tendo um mau momento? Que se foda! Nunca mais fui à porra da sua cidade de saloio ou vi nenhuma das suas amigas, e a avisei que se ela trouxesse alguma, não me veria.

Naquele momento, em 1996, no final do verão, eu estava quase completamente livre de dependência emocional. Esta fraqueza voltava de tempos em tempos, mas era atenuada e fazia cada vez menos estragos.

Logo depois de terminar meu curso, que custou a Deus e ajuda, e de um presente negro me mudei para um mundo mais feliz e mais livre. Um novo presente trabalhando e ganhando dinheiro, que me deu independência e o poder de viver da maneira que eu queria aos 26 anos e meio.

Foi aí que eu disse chega de toda essa besteira! Desafiei, humilhei e abandonei amigos idiotas que não eram amigos nem nada mais, até beijei a namorada de um deles. Eu não tolerei mais abusos e comecei a viver de verdade.

O mais importante de tudo é respeitar a si mesmo.

Esta namorada, que ficou comigo porque ela queria, não porque eu estivesse interessado nela, eu a espanquei violenta e insistentemente, traindo-a constantemente. Eu a desprezava de verdade, não com cenários ensaiados como ela fez.

Então ela percebeu o que tinha, um bom rapaz, um homem de verdade.

Com todos os problemas que ela tinha me dado, com o stresse que ela tinha colocado em mim no inferno, eu tinha colocado quase 20 quilos e ela e seus amigos de merda gozavam de mim.

Outra pessoa poderia ter cometido suicídio ou feito qualquer loucura, se eu não a tivesse deixado ou se esta mudança tivesse acontecido, eu poderia ter acabado assim. Mas eu mudei e ganhei. E eu não era mais aquele pobre homem que ela desprezava e torturava. Esta é a vida que muitas mulheres dão aos bons homens apaixonados.

Mas agora fazendo-me respeitar a mim mesmo, valorizando-me, pondo-me em primeiro lugar, dizendo não, dizendo o que me apetecia dizer sobre ela e sua ralé e sendo tão desagradável quanto me apetecia ser, tudo correu bem, muito bem. Perdi todo o peso que tinha engordado, e depois algum, e me tornei um homem grande e bonito. Ela começou a se comportar muito melhor, a me ouvir, a fazer o que eu queria e então ela me deu o amor, o coração que eu havia pedido tanto. Desembuchei e desembuchei. Era tarde demais.

Ela começou a saber o que é sofrer, porque eu dava prioridade a todas as coisas que me faziam ilusão com egoísmo e ela começou a não saber onde eu estava, nem mesmo em que cidade. Ela sabia o que era ser ignorado, nunca telefonou, nunca atendeu o telefone, deixou preso e não cumpriu o que eu havia dito a ela. Comecei a ter várias namoradas ao mesmo tempo, e ela começou a sentir que me fazia sentir, alguém que era chato, que estava no caminho, uma namorada de merda.

Como ela estava se comportando bem, eu finalmente me diverti com ela e não foram todas essas coisas, aconteceu muitas vezes e nós conseguimos ser bons. O que aconteceu é que eu perdi toda a minha paixão e fui infinitamente mais difícil. Se ela fizesse coisas que eu não gostava, eu me defenderia com estas novas técnicas de ignorá-la totalmente e eu a fodia e ia embora. Se ela persistisse, eu a deixaria em paz, ou não sairia com ela. O que mais fiz como uma coisa ruim, que na realidade nem era ruim, foi colocá-la em seu lugar e fazer-me respeitar, ser duro e não carente e traí-la à vontade como ela provavelmente fez no início. Eu me defendi tão bem que tudo correu bem. Ela estava ficando cada vez mais boa e eu mal escondia minhas infidelidades sem fim. Eu a deixei várias vezes e a coloquei em último lugar na minha lista de prioridades. Às vezes eu nem me lembrava que ela existia.

Eu tinha sofrido tanto que o bom e condescendente homem tinha morrido completamente e eu não podia parar de me defender se fizesse algo desagradável, eu tinha raiva suficiente para dar e receber. Também não parei de flertar e flertar. Minha dureza me levou a melhor e eu lhe dei 4 anos de frieza, mentiras e traições sem fim.

Não há necessidade de ficar bravo como eu fiquei. Este foi outro grande erro.

Eu também me revoltei contra a imbecilidade dos pais e suas exigências ridículas para que eu voltasse para casa em breve. Eu lhes disse que estava hospedado na casa de Fulano de Tal e, se não gostasse, não gostaria. Eu também me tornei arrogante e desafiador em casa.

Um dia, meu pai me perguntou se eu conhecia a namorada de Moncho, um homenzinho tolo que eu via como um tolo inocente, e eu lhe respondi.

-É melhor que ele não a conheça! porque ele vai perder sua namorada.

Foda-se e foi assim! Uma noite ela entrou, agarrada a mim como uma lapa, pronta para curtir comigo na frente dele. Aquele homem não tinha feito nada comigo e eu não lhe dei o prazer de humilhar seu pobre namorado, curtindo comigo para fazê-lo sofrer, que era o que ela queria, pois eles tinham acabado de se separar. Decidi qual prostituta eu iria engatar e a rejeitei, ela não me usou. Eu não dei a mínima para ela.

E assim, sem remorso ou culpa, desfrutando minhas más ações, passei de um herói gentil e estúpido a um vilão, a um Joker, um psicopata que não sentia a menor pena ou remorso em trair e fazer esta namorada sofrer, e tratando com absoluto desapego emocional todas as mulheres que cruzaram meu caminho.

E foi assim que aprendi a me fazer respeitar. Foi isso que me ajudou a pegar dezenas e depois centenas de mulheres que eu muitas vezes não me importava com nada.

É por isso que é necessário ser duro por dentro, apenas ser desavergonhado não é suficiente para ser sedutor.

Retroceda moralmente, faça-se respeitar desde o primeiro segundo, e nunca tolere nada de nenhum idiota.

Não há necessidade de ir aos extremos a que fui, nem de sofrer o que sofri, nem de fazer tanto mal. Estes foram erros juvenis que você deve evitar, apenas não tolere o abuso e poupará a si mesmo anos de sofrimento.

Por ter suportado tanto, ainda estou vivendo com monstros que me pressionam a sair. Bestas que, quando saem, o fazem com raiva furiosa e vão direto para destruir qualquer pessoa da maneira que puderem. Ou eles escapam de mim e provocam estragos.

Ajustando a dureza.

Não há necessidade de estar em modo destruidor, defendendo-se de tudo o tempo todo, é muito cansativo e você se esquece de se divertir porque está tão preocupado em ser respeitado.

Você tem que se divertir e se divertir, é por isso que nós saímos.

Nós nos respeitamos, nos achamos os melhores, os valorizamos pouco porque para valorizá-los muito há todos os outros, somos machistas e másculos, malvados, ousados e, acima de tudo, divertidos.

O atleta vigilante só está lá para se defender contra ataques extremos, e em doses.

Se uma mulher nos desrespeita, é claro que nos fazemos respeitar, não por ser uma mulher que tem carta branca para fazer o que quiser. Estamos em pé de igualdade e se repreendêssemos um homem, olharíamos mal para ele ou o insultaríamos, insultaríamos uma mulher da mesma forma. Elas desrespeitam muito porque são mulheres, são desprezadoras e repreendedoras, mas nunca qualquer violência, o que é uma coisa baixa a fazer, nem mesmo se elas o atacarem fisicamente, então você vai embora, chamando-as de coisas bonitas. Você pode chamá-la de estúpida com um sorriso se ela nos desrespeitou assim como você chamaria um homem. Estes incidentes acontecem muito raramente, assim como as brigas com os homens . Temos que estar preparados para tudo e, assim como há cretinos, também há mulheres cretinas e você tem que se defender contra elas.

Essas mulheres desprezíveis, que olham mal para você, ou o insultam, ou o repreendem; você faz o que mais as fode.

Você pega umha na frente delas, está rindo e se divertindo com as outras com um sorriso de Joker no rosto. Você mostra que não é afetado por nada e que está se divertindo muito. Dançar, rir em voz alta, entrar em algumas novas. E sempre que você pega unha nova, mesmo depois de um tempo, você fica perto delas para que elas possam ver você ter sucesso.

Os bastardos maus recebem tudo, eles fazem justiça, as boas garotas que fazem rir e desfrutar, as más a quem não prestam atenção, as que o atacam mortificam com sua magnífica vida transmitida na frente deles. Elas irão em breve para outro lugar.

Muitas sairão para odiá-lo e é sua responsabilidade a cada noite puni-las com seus sucessos, suas risadas, sua alegria e seu sentimento de enorme poder. Este também é um enorme triunfo a ser respeitado.

Muitas dessas detratoras têm um fraquinho por você.

Quanto mais elas criticam, mais você tem que esmagá-las com seus constantes sucessos.

Onde mais dói, aquela nova amiga, aquela que elas conhecem. Sim, mortifique-as novamente quando elas descobrirem que você também estava com aquela.

As fãs.

S er o vencedor, o maldito mestre que controla o mercado com um punho de ferro e luvas de seda, é uma enorme responsabilidade.

Haverá seguidores, haverá até mesmo mulheres que virão ao seu encontro, algumas delas me disseram que sabiam quem eu era e que não queriam se envolver comigo porque já sabiam o que eu fazia, mas que eu era ótimo e fiz amizade com um grupo de 4 ou 5, as fãs. Se a noite fosse difícil eu iria com elas, agarrando-as a todas, e se elas me deixassem dar-lhes um toque ou tocar seus traseiros, eu iria aos pubs prontos para escandalizar e escandalizar todos os seres vivos.

Concordamos que quando me vissem tinham que vir correndo gritando - "Aaaaaaaaaaahh Aaaaah é ele! é ele! para me abraçar".

Foi assim muitas noites. Eu entrava no pub e estas garotas loucas e gostosas corriam até mim. É ele, é ele! O pub inteiro assistiria. Estas aliadas, elas me apresentavam a todas as suas amigas a quem me atirava com grande facilidade em todo o espetáculo. Quando as pessoas viram isso, você pode imaginar o que elas pensariam: O que é isso?

Além disso, de vez em quando elas me viam com unha nova, me dando o lote. Havia momentos em que eu estava envolvido com quatro ou cinco ao mesmo tempo e passava a noite beijando aqui e ali várias delas.

Todo este poder vem de ser engraçado, um poder mental, um homem da festa que é sem vergonha e engraçado, um homem que faz as pessoas rirem.

Quando eu tinha apenas 17 anos de idade, já tinha esse tipo de conversa e imaginação para fazê-los rir e tive uma idéia muito boa.

Saí com muitas meninas, cerca de seis ou sete delas, que também eram fãs, aliadas que não se envolveram, embora algumas delas pudessem gostar de mim, para não quebrar o laço de riso e boas vibrações que tínhamos. Elas nos desejaram sorte quando saímos e disseram - boa caçada -. Se precisássemos delas, elas viriam e nos acompanhariam de uma forma suja para fazer parecer que estávamos flertando e nos dar importância. Bem, um dia eu saí com muitas garotas sozinho, aconteceu assim.

De repente, vi que muitas delas estavam na minha frente, outras ao meu redor, outras ali. Então imaginei que eu era um pastor de cabras, vi um longo pau, peguei e fui assim pela área dos pubs com meu rebanho de mulheres mostrando-lhes o caminho, só faltava o cão, elas morriam de riso e eu também.

Tudo isso é apenas para diversão e risos, não para denegrir nenhuma delas. Elas me tinham como um gênio e uma vez foram para casa literalmente se mijando, rindo. Elas tinham 19 ou 21 anos de idade.

Estas aliadas nos disseram que gostavam de nós e nós treinamos com elas nossas técnicas de agarramento, posições, danças, etc.

Dentro e fora.

Preocupe-se menos com o que fazer para pegá-la.

Não pensa o que ela gostaria, ou o que a faria rir, ou que coisas lhe interessariam?

Se você fizer isso, vai acabar como um bichano falando sobre rímel e sapatos.

Não, não.

As garotas não querem que você fale com elas sobre o que elas gostam, é para isso que servem os gays que as entendem.

Preocupe-se em ser você a gostar de si mesmo.

O que você gostaria de dizer a si mesmo?

O que o faz rir?

Preocupe-se não em fazer as coisas, mas em ser você. Ser atraente, interessante e cativante.

Um homem que se aproxima delas com confiança e calma, que se abre naturalmente, que continua sendo amigável, engraçado, brincalhão, um homem espirituoso e simpático que elas começam a apreciar, um homem que está lá sem comer a cabeça, apenas se divertindo de uma maneira fantástica, que se diverte e que não se preocupa em conseguir nenhuma garota. Ele os tem.

Pare de colocar o foco nelas, no exterior, no incontrolável e coloque-o em você, em seu eu interior, em seus pensamentos, em seu autoconceito.

Depende tanto de seu eu interno quanto da realidade externa.

Se levarmos nosso eu interno ao ótimo, modificaremos o eu externo de acordo com nossos interesses.

Não lhes dê poder sobre você, elas não são um prêmio, sua felicidade não depende de sucessos ou fracassos, depende de seu autoconceito. Se seu autoconceito estiver certo, o sucesso sempre se materializará. Como as meninas não são estúpidas, elas identificam imediatamente quem elas gostam e de quem não gostam. Se elas gostam, elas o querem.

Não é o que você faz, é quem você é.

Não o faça, seja você.

Sinais de que ela gosta de nós na interação pessoal.

Se elas forem tímidas, farão alguns e se não forem tímidas, farão outros mais sofisticados e com mais segurança e poder. As meninas tímidas são muito fáceis de perceber seu interesse em nós por causa de seu nervosismo, as sofisticadas gostam mais de nós e elas se pavoneiam e exibem seu físico e seus atributos.

Sinais:

- Ela se aproxima de nós.
- Ela olha muito para nós.
- Toca-nos.
- Ela nos mostra seus pulsos.
- Ele puxa seus cabelos para trás.
- Ele toca seu cabelo.
- Ele acaricia um objeto para cima e para baixo.
- Ele fica em cima de nós.
- Ele arrancou seu peito.
- Move muito seus quadris.
- Ri-se muito do que dizemos.
- Responde "perfeito", "ótimo", "ótimo", "ótimo".
- Sorrisos muito.
- Ela cora.
- Ela olha para o chão envergonhada.
- Ela está nervosa.
- Ela olha para nossas bocas.

- Ela fala muito perto de nós.

- Ela esfrega nossas mamas.

- Ela diz "um homem como você".

- Ela nos chama.

- Ela toca o findress.

- Ela nos pede algo.

- Ela olha para todo o seu rosto enquanto você fala.

- Ela busca proximidade física.

- Sentimo-nos muito confortáveis.

- Ela nos elogia.

- Ele nos olha pelo canto do olho.

- Quando ele nos vê, faz um pequeno movimento para trás com sua cabeça.

- Suas pupilas se dilatam.

- Ela abre bem os olhos.

- Ela enfatiza suas mamas ou as mamas com posturas e gestos.

- Põe um pouco a língua para fora através dos lábios.

- Ela morde o lábio inferior.

- Ela nos olha com timidez.

- Ela tem um sorriso malicioso e nervoso.

- Ela nos provoca muito.

- Ela brinca com seu sapato pendurado no pé.

Em geral, elas nos dão os sinais de que querem nos conhecer, e nós reagimos a esses sinais e vamos embora. No contexto da noite, muitas vezes não há sinais e nós simplesmente vamos buscá-los com nossas armas sedutoras. A cabeça, o sorriso atrevido, o olhar vencedor, a diversão, a inteligência, a confiança e a masculinidade.

Se virmos os sinais, crescemos em confiança e aumentamos nossa confiança até a predação total.

O fim.

O atrevido, aquele que leva o que gosta com suas habilidades, aquele que se faz respeitado, o charmoso, mas duro, o sem-vergonha, aquele que se faz de tudo para ter sexo, é um homem a ser invejado e que deve ser protegido.

Sua vida foi uma vergonha com fracassos, humilhações e todos os tipos de momentos horríveis, por isso ele teve que mudar e se tornar um bastardo. E ele está fazendo muito, muito melhor. Ele é um homem que tem muito de si mesmo, desde o mais terno e adorável, até o psicopata mais intimidante e os traz à tona, quando lhe é conveniente.

O duro e sem vergonha sempre leva sua parte, ele não pede, ele a leva. Às vezes ele arrebata as meninas de outras pessoas. Ele não respeita muito as meninas de ninguém. As garotas não têm dono. Se ela olha para você com insistência, ela pode ser casada com São Deus, ela é sua, essa é a única lei. A lei natural.

Esta é uma seleção natural pura. Os fracos sucumbem, os fortes triunfam.

As garotas querem o vencedor.

As garotas querem foder.

É para elas e para você também que você adquire as habilidades e aproveita o que a vida dá àqueles que acreditam em si mesmos.

Minhas histórias mais tórridas e maliciosas de amor sexual estão em um livro com pseudônimo. Sexductor por Julián Duro. Há o verdadeiro duro sem vergonha contado e narrado e você pode ver toda a "produção" que eu fiz. É o meu melhor livro porque meu verdadeiro trabalho é "as experiências vividas".

São apenas 1000 páginas... no momento.

No google são 700 e algo assim porque são páginas de formato diferente. É o mesmo em todos os lugares.

Boa sorte, meu amigo.

Vamos jogar!

Don't miss out!

Visit the website below and you can sign up to receive emails whenever John Danen publishes a new book. There's no charge and no obligation.

https://books2read.com/r/B-A-FUKJ-EOPEC

BOOKS 2 READ

Connecting independent readers to independent writers.

Did you love *Duro e Sem Vergonha*? Then you should read *A arte de se agradar*[1] by John Danen!

Este é um livro sobre auto-ajuda e um pouco sobre sedução, porque todas as minhas obras têm algo deste mundo nelas. É por isso que pode ser usado como livro de auto-ajuda ou como livro de sedução. Sem dúvida, o que mais o ajudará é::

Respeite-se a si mesmo.

Proteja-se de pessoas prejudiciais

Faça a vida do jeito que você quer, sem as inferências de pessoas más e interessadas.

Ria de si mesmo e ria com o livro porque ele tem um toque de humor.

Espero que você goste.

---

1. https://books2read.com/u/bOzNZ0

2. https://books2read.com/u/bOzNZ0

Also by John Danen

Seduction 5.0
S.A.X.
Chicas complicadas
Seducción 5.0
El libro del tonto
Macho Alpha
Macho alpha extracto
La seducción después de la pandemia
Terriblemente atractivo
Seducción 5.1
Sedução 5.1
How to be Cool and Attractive
Sedução. Avançada. X.
Garotas complicadas
¡Basta de ser buen chico! Sé un chico malo.
El método JD. El método de seducción de John Danen
El arte de agradarte a ti mismo
¡Basta ya de abusos! ¡Defiéndete!
Enought with the abuse! Defend yourself!
Máster en seducción
Las mujeres. El amor. Y el sexo.
Supera la dependencia emocional
Atrae mujeres con masculinidad
JD Absoluta seducción
El fracaso del amor

Entender a las mujeres
La vida del seductor sinvergüenza y encantador.
El arte de la dureza
Terrivelmente atraente
Deixe de ser um bom da fita! Seja um mauzão.
Superar a dependência emocional
A arte de se agradar
Pare o abuso! Defenda-se!
O fracasso do amor.
O método JD
Overcome Emotional Dependency
Stop Being a Good Boy! Be a Bad Boy
Complicated girls
The Art of Pleasing Yourself
Duro y Sinvergüenza
Mestre en sedução
JD Method
The Failure of Love. The Trap of Serious Relationships
Master in Seduction
A. S. X. Advanced. Seduction. X
Women. Love. Sex
Alpha Male
Attract Women with Masculinity
JD Absolut Seductión
Understanding Women
The Life of the Shameless and Charming Seducer.
The Art of Toughness
Tough and Shameless
Überwindung der Emotionalen Abhängigkeit
Maître en séduction
Schrecklich Attraktiv
Surmonter la Dépendance Émotionnelle
L'art de la dureté

Die Kunst der Zähigkeit
Hör auf, ein guter Junge zu sein, sei ein böser Junge
Assez D'être un Bon Garçon ! Sois un Mauvais Garçon.
Die Kunst, sich Selbst zu Gefallen
Dur et sans Vergogne
Hart im Nehmen und Schamlos
L'art de se Plaire à soi-Même
Das Scheitern der Liebe
L'échec de L'amour.
Meister der Verführung
Die JD-Methode
Maestro di Seduzione
Terriblement Attrayant
La Méthode JD
Capire le donne
Compreendendo as Mulheres
Comprendre les Femmes
Die Frauen Verstehen
Les Filles Compliquées
Komplizierte Mädchen
JD Séduction Absolue
La Vie du Séducteur Charmant et sans Vergogne
Les Femmes. L'amour. Et le Sexe.
Mâle Alpha
S.A.X.
V.F.X.
Donne. Amore. E il sesso.
Ragazze Complicate
Superare la Dipendenza Emotiva
Seduzione. Avanzata. X.
Dark Seducción
Il Fallimento Dell'amore.
Il Metodo JD

Alphamännchen
Atrair Mulheres com Masculinidade
Attirare le donne con la Mascolinità
Attirer les Femmes par la Masculinité
Mit Männlichkeit Frauen Anziehen
Frauen. Liebe. Und Sex.
L'arte di Piacere a se Stessi
Mulheres. Amor. E Sexo.
JD Seduzione Assoluta
Перестань быть хорошим мальчиком! Будь плохим мальчиком.
JD Absolute Verführung
JD Sedução Absoluta
Das Leben des charmanten, schamlosen Verführers
Smettila di Fare il Bravo Ragazzo! Essere un Cattivo Ragazzo.
La Vita del Seduttore Affascinante e Spudorato
A Vida do Sedutor Encantador e sem Vergonha
Macho Alfa
Uomo Alfa
Séduction 5.0
Verführung 5.0
Seduzione 5.0
Duro e Senza Vergogna
Duro e Sem Vergonha

About the Author

Español.

Soy un hombre vividor y divertido que busca el lado bueno de las cosas siempre.

Mi experiencia es el campo de las relaciones personales y de la seducción. Por eso tras dedicarme larguísimas décadas a ello, quiero trasmitir mis conocimientos. Para que las nuevas generaciones tengan unos conceptos que les den una ventaja competitiva sostenible y poderosa en el campo del amor.

Quiero ayudarte a a conseguir tus metas.

Portugués.

Sou um homem animado, e divertido, que sempre procura o lado bom das coisas.

Minha experiência está no campo das relações pessoais e da sedução. É por isso que, após décadas de dedicação a ela, quero transmitir meus conhecimentos.

Quero ajudá-los a alcançar seus objetivos.

Inglés

I am a lively and fun man, who always looks for the good side of things.

My experience is in the field of personal relationships and seduction. That is why, after decades of dedicating myself to it, I want to pass on my knowledge. So that the new generations have concepts that give them a sustainable and powerful competitive advantage in the field of love.

I want to help you achieve your goals

Français Je suis un homme vif et drôle qui cherche toujours le bon côté des choses.

Mon expérience se situe dans le domaine des relations personnelles et de la séduction. C'est pourquoi, après m'y être consacré pendant des décennies, je veux transmettre mes connaissances. Pour que les nouvelles générations disposent de concepts qui leur donnent un avantage concurrentiel durable et puissant dans le domaine de l'amour.

Je veux vous aider à atteindre vos objectifs.